AugenBlicke

Herausgegeben vom Ambulanten Hospiz Remscheid e.V.

A *Anfang*

U *Unsicherheit*

G *Gehen, Gewissheit, Geheimnis*

E *Ehrenamt, Erfahrung, Endlichkeit, Erinnerung*

N *Nähe, Nachklang*

B *Breaking Bad News, Begleitung, Begegnung*

L *Liebe, Loslassen, Leben nehmen*

I *Innehalten*

C *Chance*

K *Kennenlernen*

E *Erkenntnisse, Epilog*

„Jedem Anfang wohnt ein Zauber inne ...“

Mit diesen Zeilen von Hermann Hesse beginnt nicht nur dieses Vorwort, denn auch den Anfängen der Remscheider Hospizarbeit wohnte ein gewisser Zauber inne.

Vor 25 Jahren schlossen sich einige engagierte Frauen zusammen, um ihre Energie, ihr Handeln sowie ihre Zeit aufzuwenden, um Menschen in existenziell bedrohlichen Situationen beizustehen. Auf diesem gemeinsamen Weg gab es viele **AugenBlicke** und tiefreichende Erfahrungen mit dem Thema Sterben, Tod und Trauer.

Cicely Saunders, die Begründerin der modernen Hospizbewegung, prägte den Satz:

> *„Hospiz ist kein Ort, an dem wir uns einrichten, sondern eine Haltung, mit der wir uns begegnen.“*

So haben sich auch die Gründerinnen unseres ambulanten Hospizes nicht eingerichtet, sondern haben mit ihrem unermüdlichen Tatendrang dazu beigetragen, dass es seit 25 Jahren eine verlässliche ambulante Hospizarbeit mit fast 170 aktiven und passiven Mitgliedern gibt.

Die hospizliche Haltung steht dafür ein, dass die Berührung mit dem Leben, mit sich selbst und dem Gegenüber durch Liebe, Achtung, Verlässlichkeit und Respekt geprägt ist und wird getragen von der festen Überzeugung, dass die Würde jedes Einzelnen bis zum Ende des letzten Atemzugs und in jeder Erinnerung geschützt bleibt.

So ermöglicht dieses Buch mit Texten verschiedener Menschen und ausdrucksstarken Bildern eine kleine Reise in die AugenBlicke des hospizlichen Handelns und Denkens und ermöglicht dem Leser und Betrachter eine Begegnung mit der eigenen hospizlichen Haltung.

Eine Koordinatorin

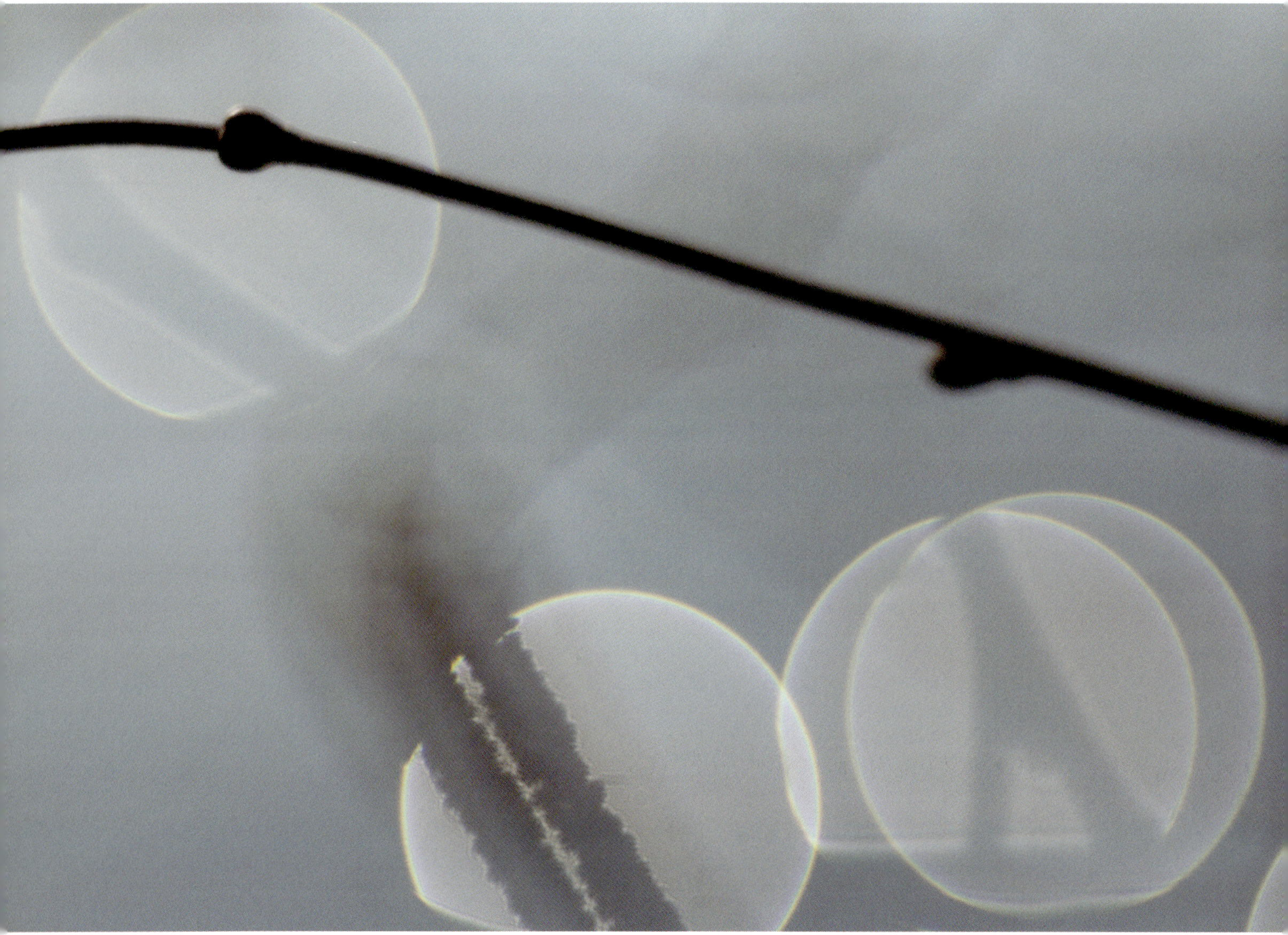

Unsicherheit

Warum gerade ich?
Eine lebensverkürzende Diagnose bringt viel Unsicherheit
in das Leben der Betroffenen und ihrer Angehörigen.
Wo kann ich Hilfe bekommen?
Wer nimmt meine Ängste ernst?
Wer steht mir bei, wenn es eng wird?

Diesen und ähnlichen Fragen bietet die Hospizbewegung
ein Angebot, das unabhängig von Herkunft und Religions-
zugehörigkeit von jedem in Anspruch genommen werden kann.

Ausgebildete ehrenamtliche Mitarbeiterinnen und Mitarbeiter
nehmen sich Zeit, unterstützen Sterbende und deren Zugehörige.
Durch menschliche Begleitung,
Ernstgenommen-Werden, Da-Sein, Zu-Hören
und mitmenschliche Nähe können Ruhe und Sicherheit
in unsichere Situationen eingebracht werden.

So kann am Ende über allem stehen:
Schwer war die Zeit und trotzdem gut.

Eine Koordinatorin

Gehen

Ich bin eine Vorüber-**Gehende**.
Ich kam in diese Welt, habe mein Leben gelebt –
nun ist es Zeit, wieder zu gehen.

Ich liege im Krankenhaus, wohlmeinende Ärzte lassen mich nicht gehen.
Es soll geheilt werden, was nicht geheilt werden kann;
es soll behandelt werden, was nicht mehr behandelt werden muss.
Der Rettungsanker – meine Patientenverfügung:
Gut beraten habe ich sie erstellt, alle Vollmachten erteilt –
mein Rettungsanker liegt zu Hause im Schrank.
Dank an meine Familie!

Sie hat sich erinnert und für mich gesorgt,
als ich mich nicht mehr erinnern und für mich sorgen konnte.
Meine Vorsorgemappe wird ins Krankenhaus getragen,
die Palliativstation nimmt mich auf, meine Familie lässt mich los –
ich darf **GEHEN**, wohin auch immer mein Weg mich nun führen wird …

Eine Patientin

Gewissheit

Wir sind geboren, um zu leben
und wissen, dass wir sterben werden.
Weil das Leben endlich ist,
deshalb sollten wir end-lich leben.

Eine ehrenamtliche Hospizmitarbeiterin

Geheimnisse

Wie eine Welle – sie kommt, sie geht
Wie eine Welle – sie formt, sie lebt
Bist du auf einer Reise
Verschieden lang deine Verweile
Über den Ozean und noch viel weiter
Wirst jedes Mal ein bisschen weiser
Bleibst hier, bleibst dort
Gehst immer wieder fort
Bist ständig im Fluss
Verspürst keinen Verlust
Du für dich bist Eins mit Allem.
Kannst alles sehen, alles verstehen
Das Leben ein Kreis
Den alle fortwährend bereisen

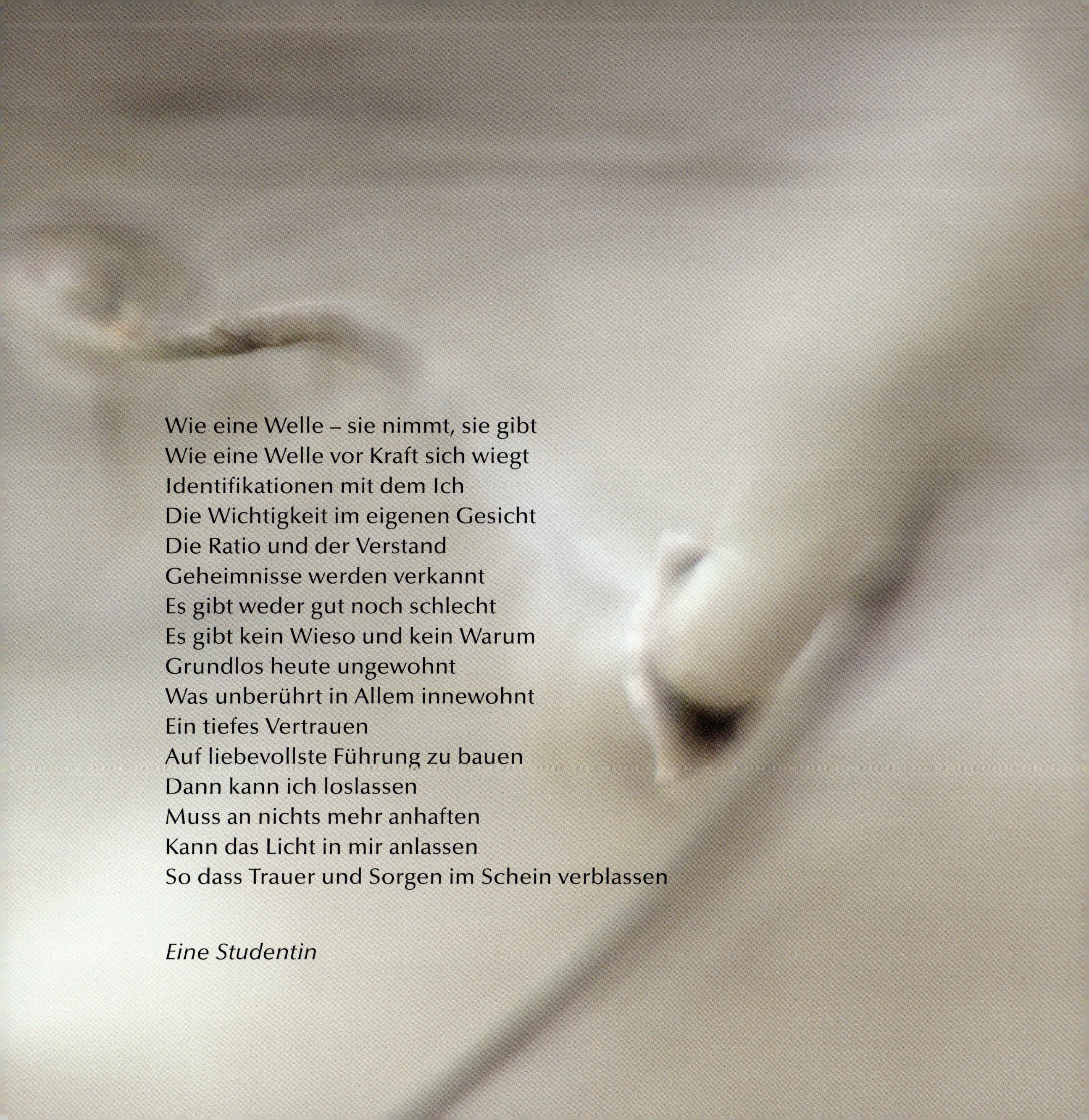

Wie eine Welle – sie nimmt, sie gibt
Wie eine Welle vor Kraft sich wiegt
Identifikationen mit dem Ich
Die Wichtigkeit im eigenen Gesicht
Die Ratio und der Verstand
Geheimnisse werden verkannt
Es gibt weder gut noch schlecht
Es gibt kein Wieso und kein Warum
Grundlos heute ungewohnt
Was unberührt in Allem innewohnt
Ein tiefes Vertrauen
Auf liebevollste Führung zu bauen
Dann kann ich loslassen
Muss an nichts mehr anhaften
Kann das Licht in mir anlassen
So dass Trauer und Sorgen im Schein verblassen

Eine Studentin

Ehrenamt

Es ist nützlich, wertvoll, hilfreich und freiwillig,
und ohne das Ehrenamt würde vieles in unserer Gesellschaft nicht funktionieren.
In Vereinen, in Kirchengemeinden, freiwilligen Feuerwehren, der Alten- und
Krankenpflege und vielen anderen Bereichen gibt es Menschen, die ihre Freizeit,
ihr Engagement und ihre Fähigkeiten selbstlos zur Verfügung stellen,
um anderen Menschen zu dienen.
Und dies geschieht nicht zuletzt auch im Hospiz.
Sterbende und Trauernde werden liebevoll auf ihrem Weg begleitet.

Wer ein Ehrenamt ausführt, verdient damit kein Geld.
Was versprechen sich die Menschen dann davon?
Zu wessen Ehre führen sie das Amt aus?
Für ihre eigene Bestätigung? Suche nach Anerkennung?
Aus Liebe zu den Menschen, denen sie dienen?

Die Handlungsweise, die oft mit dem Wort „Amt“ assoziiert wird,
passt nicht zu einem Ehrenamt.
Ehrenamtler sind mit Begeisterung dabei und stoßen nicht selten
an die Grenzen ihrer persönlichen oder familiären Belastbarkeit.
Der Lohn sind Anerkennung und Wertschätzung,
nicht selten aber auch nur das gute Gefühl, zur richtigen Zeit
an der richtigen Stelle das Richtige getan zu haben.

Ein Grübler

Erfahrung

Loslassen
Nicht vergessen
Immer noch Gedanken
Ich horte und pflege
Erinnerungen

Erinnerungen
Unser Leben
Alltag und Träume
Gemeinsame Zeiten Hoffnung spüren
Jetzt

Jetzt
Ist Zeit
Für neue Erfahrung
Du in Gedanken bei
Mir

Eine ehrenamtliche Hospizmitarbeiterin

Endlichkeit

Endlich bin ich in diesem Leben angekommen
Da wird es mir genommen

Wo ist da der Sinn und die Gerechtigkeit
Ich spüre keine – tut mir leid

Was bleibt, ist der Traum von der Unendlichkeit

Eine ehrenamtliche Hospizmitarbeiterin

Erinnerung

Über die Erinnerung, die verlebendigt.

Stirbt ein geliebter Mensch, so beerdigt man lediglich seinen Körper.
Der Körper, der einst dem Leben eine Wohnstatt auf Zeit schenkte.

Ist der Verlust des geliebten Menschen doch groß, schmerzhaft und zu betrauern,
so gab dieser doch, während man selbst noch eine Weile bleibt,
das Größere her, das Leben.

Was aber bleibt, ist sein Da-gewesen-Sein, sein Wirken und sein Handeln.
Dies hatte Folgen in seiner Umwelt und Mitwelt.
Es gibt eine Reihe dieser Folgen, die so schön und nachhaltig sind,
dass die Bleibenden sich gerne an sie erinnern.

Gerne lenkt man von Zeit zu Zeit die Gedanken oder auch das Gespräch darauf.
Die Geschichten und Ereignisse, die man gemeinsam erlebte,
die Ideen, die gesponnen und umgesetzt wurden.
Die rettenden Hilfen, die man von ihr oder ihm bekam.
Die Liebe, die man als Partnerin oder Partner so unverwechselbar und einzigartig
von ihm oder ihr erfuhr.
Die Weitergabe des Lebens, die man als sein oder ihr Kind durch sie oder ihn erlebte.
Welch ein Glück!

Ein Supervisor

Nähe

Nähe kann so wohltuend sein
sie kann so distanzlos sein
sie hat so viel Wärme für uns
und sie läuft uns kalt den Rücken herunter
sie zieht uns an
und sie schreckt uns ab
ohne Nähe können wir nicht sein
zu viel Nähe erdrückt uns
wir möchten sie gerne und mit Freude zulassen
wird sie uns aufgezwungen, lehnen wir sie ab
ich möchte dir behutsam nah sein
bis zum letzten Moment.

Ein ehrenamtlicher Hospizmitarbeiter

Nachklang

Abschiedszeilen, die ich nach der Beendigung einer Begleitung aufschreibe und in einem Buch sammle, entstehen aus dem Augenblick heraus.
Was fühle ich als Begleiter, jetzt in diesem Augenblick, welche Worte möchte ich für meinen begleiteten Menschen zurücklassen?

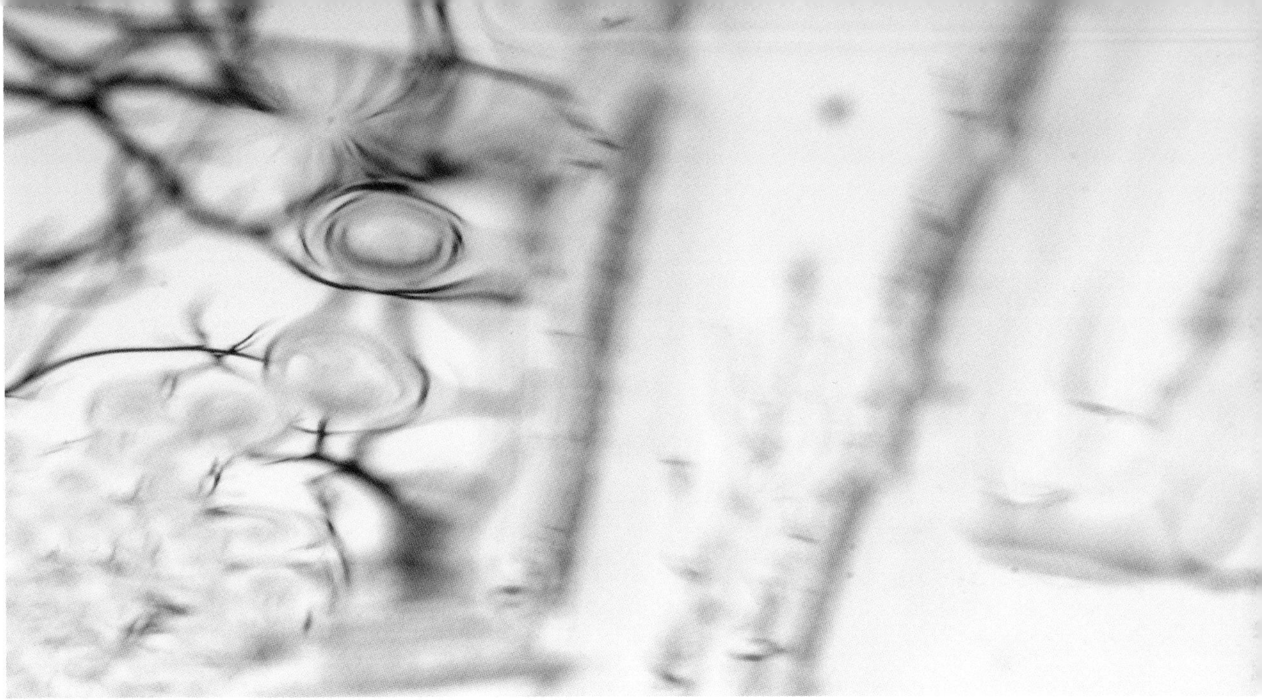

Ein- oder zweimal im Jahr lesen wir im Hospiz aus diesem Buch. Es ist faszinierend zuzuhören, welche Worte ein Leben beschreiben, was es für den Begleiter bedeutete, diesen Menschen ein Stück seines Lebensweges begleitet zu haben. Es sind nur Augenblicke, die beschrieben und vorgelesen werden. Dennoch werden über die Phantasie in jedem einzelnen Zuhörer Augenblicke lebendig, so wie der begleitete Mensch lebendig war und es genau in diesem Augenblick des Vorlesens noch einmal für ganz kurze Zeit sein darf.
Oft geben mir, als Hospizmitarbeiterin, diese Augenblicke neue Impulse für meine Weiterentwicklung, um neuen Begleitungen begegnen zu können.

Eine ehrenamtliche Hospizmitarbeiterin

Breaking Bad News

How to Break Bad News? Wie überbringe ich eine schlechte Nachricht?
Worte, es sind doch nur Worte.
Inhaltsschwere Worte.
Worte, die verletzen.
Krebs. Cancer. La maladie du cancer.
Da ist doch schon die körperliche Verletzung, oft unsichtbar.
Meist aber spürbar.
Jetzt auch noch verletzende Worte.
Ich weiß etwas über den Anderen.
Der Andere weiß es noch nicht. Ahnt es.
Wie kann ich die Nachricht mit dem Menschen verknüpfen, der betroffen ist?
Ich möchte ein Gespräch führen, geht das überhaupt? Möchte der Andere?
Ungleiche Gesprächspartner.
Muss das sein?
Ja, es muss. Die Zeit drängt.
Ist der Ort, der Zeitpunkt gut gewählt?
Sind meine Worte vorbereitet?
Kann Vertrauen entstehen?
Wärme wohl kaum – vielleicht später.
Eine ungleiche Partnerschaft: der Wissende, der Betroffene.
Tauschen möchte man nicht.
Man stellt sich aber vor: Was wäre, wenn?
Warten auf Reaktion.
Warten.

Schweigen? Betroffenheit? Scham? Distanz? Für sich sein?
Der Versuch, es auszuhalten, zumindest für Sekunden.
Dann der Anspruch, dem Anderen Beistand zu sein,
Jemand, der zur Seite steht.
Ich bin doch der Arzt.
Ich stehe seitlich, frontal, irgendwo dabei, viel zu weit weg.
Letztlich ohne Worte, doch wieder am Reden. Viel zu früh.
Vorstellung der „großen Palette" der Therapiemöglichkeiten.
Ein Quantum Trost.
Formal noch Anmeldung in der Tumorkonferenz. Bei den Spezialisten.
Theoretisch noch Chemotherapie möglich.
Aber eigentlich sinnlos.
Lebenserwartung mit Chemo wahrscheinlich kürzer als ohne.
Und parallel noch Kontakt zum ambulanten Hospiz.
Soll Kontakt hergestellt werden zur Krankenhausseelsorgerin?
Wenig Zeit.
Das Angebot, morgen weiter zu sprechen.
Unbefriedigt gehen.
„Bis morgen."

Ein Arzt

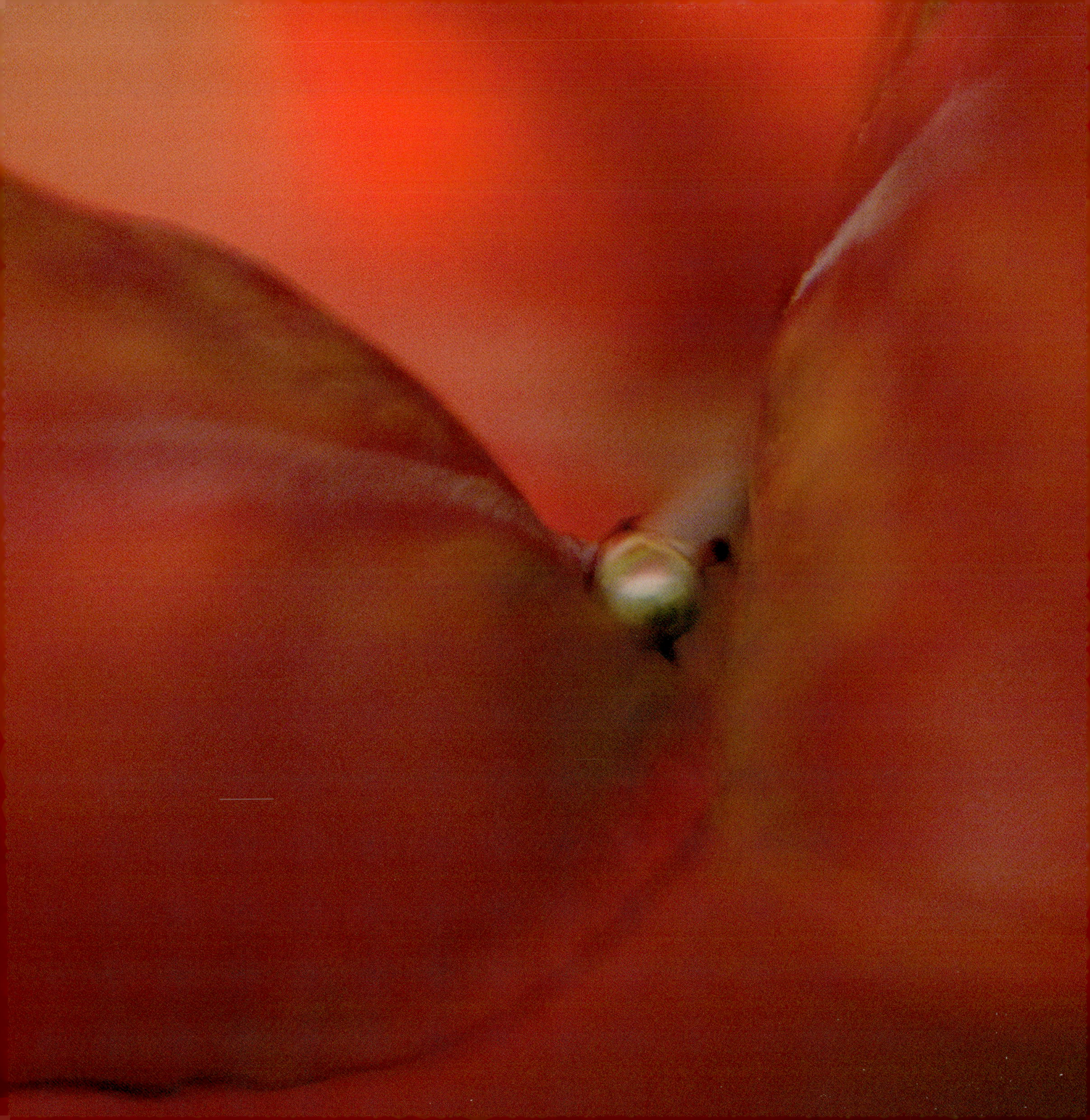

Begleitung

„Nach wie vor besuche ich Herrn K. montags und freitags. Falls ich einmal einen anderen Termin an einem dieser Tage habe, gehe ich nach Absprache mit der Tochter einen Tag früher oder später, aber immer zweimal in der Woche. Herr K. wird allmählich immer schwächer, aber er isst und trinkt. Er liegt immer im Bett. Die Pflegerin, die ihn öfter aus dem Bett geholt hat, ist nicht mehr da.

Für mich sind die Besuche auf jeden Fall eine Bereicherung.
Sie machen demütig und lehren zu schätzen, was ich habe.
Wenn ich mich z.B. ärgere, weil ich ein Stück durch den Regen zu ihm gelaufen bin, und überlege, ob ich ihm das erzählen kann (was er wahrscheinlich ohnehin nicht verstehen würde), denke ich, wie schlimm es sein muss, wenn man den Regen überhaupt nicht mehr spüren kann, weil es im Bett immer gleich ist.

Herrn K. wünsche ich eigentlich, dass er dieses Leben nicht mehr lange ertragen muss. Aber vielleicht schließe ich da auch von dem, was ich mir für mich vorstelle, auf ihn, und das stimmt so gar nicht. Hoffentlich.“

Eine ehrenamtliche Hospizmitarbeiterin

Begegnung

auf dem Bett sitzend
mit steifen Fingern
faltet ein Mann Papierflieger
die Bodenhaftung hat er längst verloren
lange schon versagen seine Beine

er faltet Papierflieger
in verzweifelter Wut
und der bangen Erwartung
dass er bald leicht genug sein wird
die letzte Reise anzutreten

Bei einem Besuch auf der Palliativstation

Liebe

Für Maria:

Jeden Tag spreche ich mit dir, mit deinem Bild.
Doch ein Bild antwortet nicht.
Ich stelle mir dann vor, wie schön es wäre,
mit dir zusammen zu sein …
Wir hatten noch so Vieles vor.

Ich stelle mir vor, du sitzt nun auf einem Stern
und von dort passt du jetzt auf uns auf.

Du fehlst.

Ein trauernder Angehöriger

Loslassen

Trauer
im Leben
Raum geben. Tränen,
Verzweiflung, Angst zulassen, dann:
Wandlung

Wandlung
alles so
wie es war
nur etwas ist verwandelt:
Du

Du
fehlst immer
noch – habe ich
nicht wirklich begriffen das
Endgültige

Endgültigkeit
immer da
wo ich bin
wann endlich kann ich
loslassen?

Eine ehrenamtliche Hospizmitarbeiterin

Eine Patientin auf der Palliativstation:

Im Traum stehe ich am Meer (was ich so liebe),
meine Augen blicken in den Himmel
und ich merke eine unendliche Ruhe in mir.
Ich weiß, jetzt ist der AUGENBLICK gekommen,
wo ich loslassen kann.

Zwei Tage später ist Frau M. gestorben

Leben nehmen

Ich weiß, ich werde es tun
Ich werde es bestimmt tun
Habe es im Kopf, der Gedanke kann nicht mehr ruh'n
Doch wann ist die richtige Zeit
Wann ist es so weit
Welche Bedingungen müssen erfüllt sein
Mach ich es mit dir oder allein
Wie viele Menschen sollen dabei sein
Vielleicht ja auch erst im nächsten Jahr
Das wäre wunderbar
Heute oder morgen
Was muss ich dafür besorgen
Wann ist wohl die richtige Zeit
Wann bin ich wirklich dazu bereit

Mach ich's im Wald
Mach ich's im Meer
Mach ich's im Haus
oder geh ich dazu raus
Was brauch ich dazu
Wie will ich es machen
Wer besorgt mir die richtigen Sachen
Je mehr ich darüber nachdenke
Je mehr ich mein Hirn verrenke
Desto mehr spüre ich,
dass das Denken nicht die Lösung ist
Dass das Denken mich zerfrisst
Mit einem Gedanken fängt es an
Doch jetzt ist das Handeln dran
Ich werde es tun
Ich werde es machen
Ich werde mir es nehmen
Ich werde mir das Leben nehmen

Und dazu brauche ich keine besonderen Dinge
Keinen besonderen Ort
Kein besonderes Wort
Ich kann es tun, hier und jetzt
Ich kann es mir nehmen, das Leben
Ich habe nur eins
Und das ist meins
Ich darf es genießen
Ich darf lachen
Darf verrückte Dinge machen

Barfuß durch die nasse Wiese laufen
Himbeereis zum Frühstück essen
Das Spielen nicht vergessen
Ich darf essen ohne Reue
Schokokussbrötchen und Nudeln
Und Pommes nicht zu vergessen

Ich darf es mir nehmen, das Leben
Ich brauch nicht um Erlaubnis zu fragen
Du musst dazu nichts sagen
Ich darf feiern die ganze Nacht
Weil es mir einfach nur Spaß macht
Ich darf tanzen auf allen Wegen
Und wenn ich will auch im Regen
Ich darf den einen lieben oder ganz viele
Ganz egal – aber auf jeden Fall mich selbst
Ich werde es mir nehmen – das Leben
Ich werde es tun im Hier und Jetzt
Ich werde mir die Freiheit nehmen
So zu leben, wie ich es will
Und nicht zu denken: darf ich das
Oder was denken die anderen
Weg von allen Konventionen
Ich will mehr verrückte Sachen machen
Mehr lachen mehr singen mehr tanzen mehr malen
Mehr schreiben mehr reisen mehr lieben …

Eine Trauerbegleiterin

Innehalten

Wenn wir wüssten, dass wir morgen nicht mehr aufwachen,
würden wir dann
einen Augenblick mehr bei dem geliebten Menschen verweilen,
würden wir
einen Augenblick länger die Schönheit der Natur genießen,
einen Augenblick bewusster einem schönen Musikstück lauschen,
einen Augenblick ausgiebiger die Wärme der Sonne auf unserer Haut spüren,
einen Augenblick innehalten ...

Würden wir ... ?

Eine ehrenamtliche Mitarbeiterin

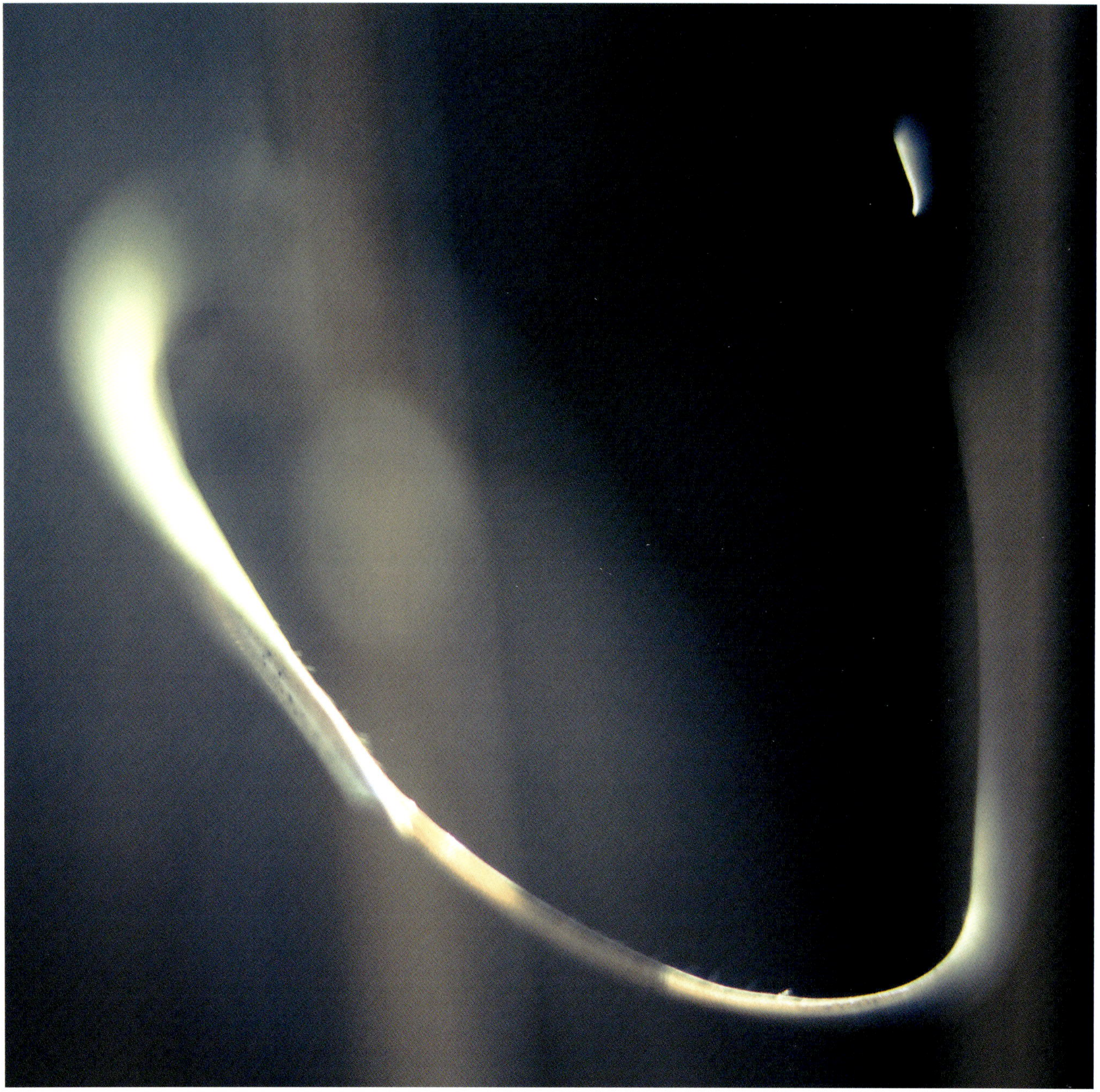

Chance

Der Tod möge dich lebendig antreffen

Bei der Diagnose „austherapiert“, bei der Gewissheit, nur noch ein paar Tage zu leben, mag dieser Spruch wie eine Farce klingen, wie ein Hohn auf die verbleibende Lebenszeit. Ungern beschäftigen wir uns damit, dass das Leben endlich ist, dass alles seine Zeit hat und der Tod allem anscheinend ein Ende setzt.
Und doch bietet uns genau diese absehbare Zeit der Endlichkeit eine großartige Chance, über unser bisheriges Leben nachzusinnen und lange Aufgeschobenes in Angriff zu nehmen:
Ein wichtiges Gespräch mit dem Partner,
etwas Klärendes mit Familie oder Freunden.
Vielleicht jemanden, dem ich Unrecht getan habe, um Entschuldigung zu bitten oder selber einem anderen zu verzeihen.
Sich noch einmal einen lang gehegten Wunsch zu erfüllen und so dem Tod noch etwas Leben abzugewinnen.
Der Tod möge dich lebendig antreffen.

Ein poetischer Schreiner

Kennenlernen

Augenblicke entscheiden darüber, ob aus Begegnung Hilfe werden kann.

Wir blicken in Abgründe tief sitzender Schmerzen,
blinder Wut und endlos scheinender Trauer.
Wir blicken aber auch in die Zukunft – was wird sein, wenn …
Wir werden nie wegsehen, sondern immer genau hinsehen,
um für die Menschen in ihrer letzten Lebenszeit guter Beistand zu sein.

Wir sehen die Menschen,
wir besichtigen gemeinsam das Umfeld, blicken oft weit hinter die Kulissen.
Starren plötzlich ins Leere, beobachten die Veränderung.
Wir glotzen auch mal fassungslos aus der Wäsche, aber wir werden uns wiedersehen!
Wir kommen immer wieder.
Wir sehen uns als Kontinuum in einer besonderen Zeit.
Wir gehen offenen Auges gemeinsam dem Tod entgegen.
Wir werden auch vor der Trauer unsere Augen nicht verschließen,
sondern öffnen unser Herz für das Wesentliche.

Dies alles ist nur möglich,
da unser betroffenes Gegenüber unsere unerfahrenen Augen öffnet,
so dass wir einen winzigen Blick riskieren dürfen
auf die unausweichliche Endlichkeit eines wunderbaren Lebens.

Eine ehrenamtliche Mitarbeiterin

Erkenntnisse

Achtsamkeit
Im Leben
Geduld und Liebe
Im Sterben das ist
Glück

Einfühlsam
Und achtsam
Begleiten wir die
Menschen die im Sterben liegen

AUGENBLICKE
des Lachens und des Weinens
AUGENBLICKE
der Freude und des Schmerzes
sind unvergessene
AUGENBLICKE

Eine ehrenamtliche Hospizmitarbeiterin

Epilog

Ein Wort des Dankes?

… bitte noch einen **AugenBlick**, einen kurzen Moment zum „Danke sagen“. Danke an die Autorinnen und Autoren der wunderbaren Zeilen, die dieses Buch zu etwas Besonderem machen und an Diejenige, die mit ihren kunstvollen Motiven, jedem Beitrag den dazu passenden Rahmen gegeben hat.

Danke an die Menschen, die durch ihre Spenden und ihr Engagement unsere ambulante Hospizarbeit unterstützen und ermöglichen.

Wir bedanken uns vor allem bei unseren Koordinatorinnen und ehrenamtlich tätigen Damen und Herren, die sich mit ganzem Herzen in die Hospizarbeit einbringen und ihre Zeit sterbenden Menschen und ihren Angehörigen schenken.

25 Jahre ambulante Hospizarbeit – eine lange Zeit, in der viel Gutes geleistet wurde, die viele Erinnerungen und **AugenBlicke** in sich trägt.

Wir blicken optimistisch und zuversichtlich in die Zukunft und sind bereit für die kommenden 25 Jahre. Als Vorstand möchten wir für das ambulante Hospiz einen Rahmen schaffen, der sich an unserem Leitbild orientiert, für unsere Koordinatorinnen, für unsere ehrenamtlichen Mitarbeiterinnen und Mitarbeiter und für die Menschen in Remscheid.

Der Vorstand

AugenBlicke

Wir sind Viele

Renate Erika Detlef Edelgard Stefanie Antje Irene Christel Regina Sabine Marina Eva Ute Heidi Cornelia Ingeborg Martina Ellen Uwe Heike Sabine Denise Margot Ingeborg Barbara Ann-Kathrin Stefania Susanne Gabi Petra Brigitte Peter Heide Maria Birgit Marita Christel Ursula Birgit Birgit Johann Wilhelm Christel Bärbel Karin Thea Claudia Rolf Erika Irene Helga Erika Wolfgang Christa Ute Inge Christel Katharina Kerstin Manfred Hans Hermann Marianne Dorothea Horst Cornelia Winfried Helga Ruth Heinz Brigitte Ralf Gabriele Delia Ines Elly Andrea Walter Monika Gerda Barbara Christoph Gerhard Hanne Karl Georg Ursula Karin Helga Katharina Marion Gertrud Salvatore Johanna Ursel Christine Anna Maria Eva Silke Doris Hartmut Christa Gerhard Marga Christa Wolfgang Ingrid Brigitte Martina Wiltrud Birgitt Marlene Ursula Susanne Ruth Christiane Gudrun Roswitha Rolf Margot Brigitte Elvira Regine Andreas Klaus Irmgard Margit Maria Ilse Margit Rudi Eva Beate Sabine Nicole Rosemarie Klaus Ursula Ursula Marica Wolfgang Monika Josef Hans Ulrich Ellen Hans Rosa Hansjörg Wolfgang Bärbel Sabine Silke Lothar Jörg Martina Isa Horst Istrud Sabine Dieter Hubert Leo Barbara Gunter Ruthild Gerda Johanne Hans Christel Irmhild Ulrike Gunter Ulrike Axel Gertrud Annette Guido Norbert Walter Friedel Inge Winfried Jutta Ingo Eleonore Josef Franz Helga Barbara Hans Waltrau Alfons Rüdiger Ines Kurt Christel Hans Udo

Frank Klaus Adelheid Susanne Günter Ursula Ingrid Thomas Sabine Klaus Joachim Renate Lucie Günter Helga Gertrud Bruno Marianne Gerda Gisela Ewald Franz Ursula Michael Andrea Doris Bernd Jochen Franz Cäcilia Anna-Elisabeth Johannes Christel Gerhard Karin Waltraud Klara Maria Hubert Ulrike Dorothea Dietmar Monika Klaus Ursula Beate Peter Christel Christa Frank Maike Karin Ursula Waldemar Franz Holger Iris Christa Ursula Irene Ursula Johanna Anneliese Jorg Ingo Gunhild Gerd Ralf Gerda Jürgen Hannelore Corinna Günter Christel Friedrich Wilhelm Ilonka Erika Angela Uwe Ralf Gisela Karin Ralf Norbert Jürgen Jürgen Brigitte Günter Ursula Otto Richard Rudolf Jose Carlos Maria Wilfried Hans Wilhelm Karin Lothar Birgit Hans Joachim Marion Claus Hans Jürgen Brita Hans-Werner Rainer Renate Elisabeth Frank Anna Gerhard Margret Diether Anneliese Karl Waltraud Jörg Ulrike Manfred Walter Heidemarie Jens Guedo Birgit Wilma Christian Sabine Ortwin Helga Günter Hedwig Ilse Karl Heinz Jürgen Felizitas Karl Heinz Ingeborg Edwin Karin Günter Elfriede Peter Gustel Heidi Gerhard Christine Horst Gertrud Dieter Jutta Günter Helga Wilfried Regina Hubert Angelika Friedrich Ursula Renate Edgar Magdalena Heide Lore Inge Detlef Christiane Elisabeth Rudi Ernst Volker Peter Bernhard Gabi Beate Yvonne Marika Claudia

Impressum

Augenblicke - Einblicke - Erfahrungen
aus 25 Jahren ambulante Hospizarbeit in Remscheid

1. Auflage 3/2020
ISBN 978-3-945763-92-6

Herausgeber: Ambulantes Hospiz Remscheid e.V.
Elberfelder Str. 41 | 42853 Remscheid
E-Mail: info@hospiz-remscheid.de | www.hospiz-remscheid.de

Titelbild, sowie alle weiteren Fotos: Ingeborg Mühlhoff

Gestaltung: Marlene Brockhaus, Ernst-Wilhelm Bruchhaus

Herstellung und Vertrieb: Bergischer Verlag
RS Gesellschaft für Informationstechnik mbH & Co. KG
Auf dem Knapp 35 | 42855 Remscheid
E-Mail: info@BergischerVerlag.de | www.BergischerVerlag.de